AUS SEINEM BUCH »*Der Aufbruch*« *kam eines Tages der größte Eindruck, den deutsche Literatur des letzten Jahrzehntes auf mich gemacht. (...) ich nahm's zögernd zur Hand; doch von Gedicht zu Gedicht wurde die Welt um mich feierlich verklärt. Hatte ich doch schon mit dem ersten Blick erkannt, hier war eine Sprachkraft entbunden, die mich anfangs verwirrte, je mehr ich in sie eindrang, aber durch Pracht und Meisterschaft bis ins Tiefste erschüttert, fand ich in der Welt dieses Dichters eine sittliche Leidenschaft und Freiheit, die (...) Werfel(s) Bedeutung hinter sich ließ.*

Carl Sternheim

Ernst Stadler: Geboren 1883 im Elsaß, studierte Germanistik, Romanistik und vergleichende Sprachwissenschaften in Straßburg und München, war seit 1910 Professor an der Universität Brüssel und galt bei maßgeblichen Literaturkennern als das womöglich hoffnungsvollste Talent der expressionistischen Epoche.

Seinen durch die Erstveröffentlichung der Lyriksammlung *Der Aufbruch* 1914 begründeten Ruhm vermochte er nicht mehr zu genießen. Als Soldat des Ersten Weltkrieges fiel er im Oktober des gleichen Jahres nahe Ypern.

TIVOLI-BÜCHEREI

Herausgegeben von Bert Kasties

ERNST STADLER

DER AUFBRUCH

Gedichte

Shaker Verlag

Die Deutsche Bibliothek - CIP-Einheitsaufnahme

Stadler, Ernst:
Der Aufbruch: Gedichte / Ernst Stadler.
Bert Kasties (Hrsg.).-
Aachen : Shaker, 1997
   (Tivoli Bücherei ; Bd. 6)
ISBN 3-8265-2986-3

Copyright Shaker Verlag 1997
Alle Rechte, auch das des auszugsweisen Nachdruckes, der auszugsweisen
oder vollständigen Wiedergabe, der Speicherung in Datenverarbeitungs-
anlagen und der Übersetzung, vorbehalten.

Printed in Germany.

ISBN 3-8265-2986-3
ISSN 1433-1543

       Shaker Verlag GmbH • Postfach 1290 • 52013 Aachen
        Telefon: 02407 / 95 96 - 0 • Telefax: 02407 / 95 96 - 9
         Internet: www.shaker.de • eMail: info@shaker.de

Inhalt

DIE FLUCHT

9

STATIONEN

35

DIE SPIEGEL

51

DIE RAST

81

Ernst Stadler — »Niemals wird Erfüllung sein«

95

Verzeichnis der Einzelgedichte

100

Für René und Lannatsch Schickele

DIE FLUCHT

Worte

Man hatte uns Worte vorgesprochen, die von nackter Schönheit und Ahnung und zitterndem Verlangen übergingen.
Wir nahmen sie, behutsam wie fremdländische Blumen, die wir in unsrer Knabenheimlichkeit aufhiengen,
Sie versprachen Sturm und Abenteuer, Überschwang und Gefahren und todgeweihte Schwüre —
Tag um Tag standen wir und warteten, daß ihr Abenteuer uns entführe.
Aber Wochen liefen kahl und spurlos, und nichts wollte sich melden, unsre Leere fortzutragen.
Und langsam begannen die bunten Worte zu entblättern. Wir lernten sie ohne Herzklopfen sagen.
Und die noch farbig waren, hatten sich von Alltag und allem Erdwohnen geschieden:
Sie lebten irgendwo verzaubert auf paradiesischen Inseln in einem märchenblauen Frieden.
Wir wußten: sie waren unerreichbar wie die weißen Wolken, die sich über unserm Knabenhimmel vereinten,
Aber an manchen Abenden geschah es, daß wir heimlich und sehnsüchtig ihrer verhallenden Musik nachweinten.

Der Spruch

In einem alten Buche stieß ich auf ein Wort,
Das traf mich wie ein Schlag und brennt durch meine Tage fort:
Und wenn ich mich an trübe Lust vergebe,
Schein, Lug und Spiel zu mir anstatt des Wesens hebe,
Wenn ich gefällig mich mit raschem Sinn belüge,
Als wäre Dunkles klar, als wenn nicht Leben tausend wild verschlossne Tore trüge,
Und Worte widerspreche, deren Weite nie ich ausgefühlt,
Und Dinge fasse, deren Sein mich niemals aufgewühlt,
Wenn mich willkommner Traum mit Sammethänden streicht,
Und Tag und Wirklichkeit von mir entweicht,
Der Welt entfremdet, fremd dem tiefsten Ich,
Dann steht das Wort mir auf: Mensch, werde wesentlich!

Tage

I.

Klangen Frauenschritte hinter Häuserbogen,
Folgtest du durch Gassen hingezogen
Feilen Blicken und geschminkten Wangen nach,
Hörtest in den Lüften Engelschöre musizieren,
Spürtest Glück, dich zu zerstören, zu verlieren,
Branntest dunkel nach Erniedrigung und Schmach.

Bis du dich an Eklem vollgetrunken,
Vor dem ausgebrannten Körper hingesunken,
Dein Gesicht dem eingeschrumpften Schoß verwühlt —
Fühltest, wie aus Schmach dir Glück geschähe
Und des Gottes tausendfache Nähe
Dich in Himmelsreinheit höbe, niegefühlt.

II.

O Gelöbnis der Sünde! All' ihr auferlegten Pilgerfahrten in entehrte Betten!
Stationen der Erniedrigung und der Begierde an verdammten Stätten!
Obdach beschmutzter Kammern, Herd in der Stube, wo die Speisereste verderben,
Und die qualmende Öllampe, und über der wackligen Kommode der Spiegel in Scherben!
Ihr zertretenen Leiber! du Lächeln, krampfhaft in gemalte Lippen eingeschnitten!
Armes, ungepflegtes Haar! ihr Worte, denen Leben längst entglitten —
Seid ihr wieder um mich, hör' ich euch meinen Namen nennen?
Fühl' ich aus Scham und Angst wieder den einen Drang nur mich zerbrennen:
Sicherheit der Frommen, Würde der Gerechten anzuspeien,
Trübem, Ungewissem, schon Verlornem mich zu schenken, mich zu weihen,
Selig singend Schmach und Dumpfheit der Geschlagenen zu fühlen,
Mich ins Mark des Lebens wie in Gruben Erde einzuwühlen.

III.

Ich stammle irre Beichte über deinem Schoß:
Madonna, mach' mich meiner Qualen los.
Du, deren Weh die Liebe nie verließ,
In deren Leib man sieben Schwerter stieß,
Die lächelnd man zur Marterbank gezerrt —
O sieh, noch bin ich ganz nicht aufgesperrt,
Noch fühl' ich, wie mir Haß zur Kehle steigt,
Und vielem bin ich fern und ungeneigt.
O laß die Härte, die mich engt, zergehn,
Nur Tor mich sein, durch das die Bilder gehn,
Nur Spiegel, der die tausend Dinge trägt,
Allseiend, wie dein Atemzug sich über Welten regt.

IV.

Dann brenn' ich nächtelang, mich zu kasteien,
Und spüre Stock und Geißel über meinen Leib geschwenkt:
Ich will mich ganz von meinem Selbst befreien,
Bis ich an alle Welt mich ausgeschenkt.
Ich will den Körper so mit Schmerzen nähren,
Bis Weltenleid mich sternengleich umkreist —
In Blut und Marter aufgepeitschter Schwären
Erfüllt sich Liebe und erlöst sich Geist.

Gegen Morgen

Tag will herauf. Nacht wehrt nicht mehr dem Licht.
O Morgenwinde, die den Geist in ungestüme Meere treiben!
Schon brechen Vorstadtbahnen fauchend in den Garten
Der Frühe. Bald sind Straßen, Brücken wieder von Gewühl und Lärm versperrt —
O jetzt ins Stille flüchten! Eng im Zug der Weiber, der sich übern Treppengang zur Messe zerrt,
In Kirchenwinkel knien! O, alles von sich tun, und nur in Demut auf das Wunder der Verheißung warten!
O Nacht der Kathedralen! Inbrunst eingelernter Kinderworte!
Gestammel unverstandener Litanein, indes die Seelen in die Sanftmut alter Heiligenbilder schauen ...
O Engelsgruß der Gnade ... ungekannt im Chor der Gläubigen stehn und harren, daß die Pforte
Aufspringe, und ein Schein uns kröne wie vom Haar von unsren lieben Frauen.

Metamorphosen

Erst war grenzenloser Durst, ausholend Glück, schamvolles Sichbeschauen,
Abends in der Jungenstube, wenn die Lampe ausgieng, Zärtlichkeiten überschwänglich hingeströmt an traumerschaffne Frauen,
Verzückte Worte ins Leere gesprochen und im Blut der irre Brand —
Bis man sich eines Nachts in einem schalen Zimmer wiederfand,
Stöhnend, dumpf, und seine Sehnsucht über einen trüben, eingesunknen Körper leerte,
Sich auf die Zähne biß und wußte: dieses sei das Leben, dem man sich bekehrte.
Ein ganzer blondverklärter Knabenhimmel stand in Flammen —
Damals stürzte Göttliches zusammen ...
Aber Seele hüllte gütig enge Kammer, welken Leib und Scham und Ekel ein,
Und niemals wieder war Liebe so sanft, demütig und rein,
So voller Musik wie da ...
Dann sind Jahre hingegangen und haben ihren Zoll gezahlt.
Aus ihrem Fluß manch' eine Liebesstunde wie eine Mondwelle aufstrahlt.
Aber Wunder wich zurück, wie schöne hohe Kirchen Sommers vor der Dämmerung in die Schatten weichen.
Eine Goldspur wehte übern Abendhimmel hin: nichts konnte sie erreichen.
Seele blieb verlassen, Sehnsucht kam mit leeren Armen heim, so oft ich sie hinausgeschickt,

Wenn ich im Dunkel nach Erfüllung rang, in Hauch
und Haar geliebter Frau'n verstrickt.
Denn immer griffen meine Hände nach dem fernen
bunten Ding,
Das einmal über meinem Knabenhimmel hieng.
Und immer rief mein Kiel nach Sturm — doch jeder
Sturm hat mich ans Land geschwemmt,
Sterne brachen, und die Flut zerfiel, in Schlick und
Sand verschlämmt ...
Daran mußt' ich heute denken, und es fiel mir ein,
Daß alles das umsonst, und daß es anders müsse
sein,
Und daß vielleicht die Liebe nichts als schweigen,
Mit einer Frau am Meeresufer stehn und durch die
Dünen horchen, wie von fern die Wasser steigen.

Betörung

Nun bist du, Seele, wieder deinem Traum
Und deiner Sehnsucht selig hingegeben.
In holdem Feuer glühend fühlst du kaum,
Daß Schatten alle Bilder sind, die um dich leben.

Denn nächtelang war deine Kammer leer.
Nun grüßen dich, wie über Nacht die Zeichen
Des jungen Frühlings durch die Fenster her,
Die neuen Schauer, die durch deine Seele streichen.

Und weißt doch: niemals wird Erfüllung sein
Den Schwachen, die ihr Blut dem Traum verpfänden,
Und höhnend schlägt das Schicksal Krug und Wein
Den ewig Durstenden aus hochgehobnen Händen.

Trübe Stunde

Im sinkenden Abend, wenn die Fischer in den Meerhäfen ihre Kähne rüsten,
In der austreibenden Flut; die braunen Masten zitternd vor dem Wind —
Seele, wirfst du zitternd dich ins Segel, gierig nach entlegnen Küsten,
Dahin die Wunder deiner Nächte dir entglitten sind?

Oder bist du so wehrlos deiner Sterne Zwang verfallen,
Daß dich ein irrer Wille nur ins Ferne, Uferlose drängt —
Auf wilden Wassern schweifend, wenn die Stürme sich in deines Schiffes Rippen krallen
Und Nacht und Wolke endlos graues Meer und grauen Himmel mengt?

Und wütest du im Dunkel gegen dein Geliebtes und erwachst mit strömend tiefen Wunden,
Das Auge matt, dein Blut verbrannt und deiner Sehnsucht Schwingen leer,
Und siehst, mit stierem Blick, und unbewegt an deines Schicksals Mast gebunden
Den Morgen glanzlos schauern überm Meer?

Was waren Frauen

Was waren Frauen anders dir als Spiel,
Der du dich bettetest in soviel Liebesstunden:
Du hast nie andres als ein Stück von dir gefunden,
Und niemals fand dein Suchen sich das Ziel.

Du strebtest, dich im Hellen zu befreien,
Und wolltest untergeh'n in wolkig trüber Flut —
Und lagst nur hilflos angeschmiedet in den Reihen
Der Schmachtenden, gekettet an dein Blut.

Du stiegst, dein Leben höher aufzutürmen,
In fremde Seelen, wenn dich eigne Kraft verließ,
Und sahst erschauernd deinen Dämon dich umstürmen,
Wenn deinen dünnen Traum der Tag durchstieß.

Reinigung

Lösche alle deine Tag' und Nächte aus!
Räume alle fremden Bilder fort aus deinem Haus!
Laß Regendunkel über deine Schollen niedergehn!
Lausche: dein Blut will klingend in dir auferstehn! —
Fühlst du: schon schwemmt die starke Flut dich neu und rein,
Schon bist du selig in dir selbst allein
Und wie mit Auferstehungslicht umhangen —
Hörst du: schon ist die Erde um dich leer und weit
Und deine Seele atemlose Trunkenheit,
Die Morgenstimme deines Gottes zu umfangen.

Ende

Nur eines noch: viel Stille um sich her wie weiche Decken schlagen,
Irgendwo im Alltag versinken, in Gewöhnlichkeit, seine Sehnsucht in die Enge bürgerlicher Stuben tragen,
Hingebückt, ins Dunkel gekniet, nicht anders sein wollen, geschränkt und gestillt, von Tag und Nacht überblüht, heimgekehrt von Reisen
Ins Metaphysische — Licht sanfter Augen über sich, weit, tief ins Herz geglänzt, den Rest von irrem Himmelsdurst zu speisen —
Kühlung Wehendes, Musik vieler gewöhnlicher Stimmen, die sich so wie Wurzeln stiller Birken stark ins Blut dir schlagen,
Vorbei die umtaumelten Fanfaren, die in Abenteuer und Ermattung tragen,
Morgens erwachen, seine Arbeit wissen, sein Tagewerk, festbezirkt, stumm aller Lockung, erblindet allem, was berauscht und trunken macht,
Keine Ausflüge mehr ins Wolkige, nur im Nächsten noch sich finden, einfach wie ein Kind, das weint und lacht,
Aus seinen Träumen fliehen, Helle auf sich richten, jedem Kleinsten sich verweben,
Aufgefrischt wie vom Bad, ins Leben eingeblüht, dunkel dem großen Dasein hingegeben.

Zwiegespräch

Mein Gott, ich suche dich. Sieh mich vor deiner Schwelle knien
Und Einlaß betteln. Sieh, ich bin verirrt, mich reißen tausend Wege fort ins Blinde,
Und keiner trägt mich heim. Laß mich in deiner Gärten Obdach fliehn,
Daß sich in ihrer Mittagsstille mein versprengtes Leben wiederfinde.
Ich bin nur stets den bunten Lichtern nachgerannt,
Nach Wundern gierend, bis mir Leben, Wunsch und Ziel in Nacht verschwanden.
Nun graut der Tag. Nun fragt mein Herz in seiner Taten Kerker eingespannt
Voll Angst den Sinn der wirren und verbrausten Stunden.
Und keine Antwort kommt. Ich fühle, was mein Bord an letzten Frachten trägt,
In Wetterstürmen ziellos durch die Meere schwanken,
Und das im Morgen kühn und fahrtenfroh sich wiegte, meines Lebens Schiff zerschlägt
An dem Magnetberg eines irren Schicksals seine Planken. —
Still, Seele! Kennst du deine eigne Heimat nicht?
Sieh doch: du bist in dir. Das ungewisse Licht,
Das dich verwirrte, war die ewige Lampe, die vor deines Lebens Altar brennt.
Was zitterst du im Dunkel? Bist du selber nicht das Instrument,
Darin der Aufruhr aller Töne sich zu hochzeitlichem Reigen schlingt?
Hörst du die Kinderstimme nicht, die aus der Tiefe

leise dir entgegensingt?
Fühlst nicht das reine Auge, das sich über deiner Nächte wildste beugt —
O Brunnen, der aus gleichen Eutern trüb und klare Quellen säugt,
Windrose deines Schicksals, Sturm, Gewitternacht und sanftes Meer,
Dir selber alles: Fegefeuer, Himmelfahrt und ewige Wiederkehr —
Sieh doch, dein letzter Wunsch, nach dem dein Leben heiße Hände ausgereckt,
Stand schimmernd schon am Himmel deiner frühsten Sehnsucht aufgesteckt.
Dein Schmerz und deine Lust lag immer schon in dir verschlossen wie in einem Schrein,
Und nichts, was jemals war und wird, das nicht schon immer dein.

Vorfrühling

In dieser Märznacht trat ich spät aus meinem Haus.
Die Straßen waren aufgewühlt von Lenzgeruch und grünem Saatregen.
Winde schlugen an. Durch die verstörte Häusersenkung ging ich weit hinaus
Bis zu dem unbedeckten Wall und spürte: meinem Herzen schwoll ein neuer Takt entgegen.
In jedem Lufthauch war ein junges Werden ausgespannt.
Ich lauschte, wie die starken Wirbel mir im Blute rollten.
Schon dehnte sich bereitet Acker. In den Horizonten eingebrannt
War schon die Bläue hoher Morgenstunden, die ins Weite führen sollten.
Die Schleusen knirschten. Abenteuer brach aus allen Fernen.
Überm Kanal, den junge Ausfahrtwinde wellten, wuchsen helle Bahnen,
In deren Licht ich trieb. Schicksal stand wartend in umwehten Sternen.
In meinem Herzen lag ein Stürmen wie von aufgerollten Fahnen.

Resurrectio

Flut, die in Nebeln steigt. Flut, die versinkt.
O Glück: das große Wasser, das mein Leben überschwemmte, sinkt, ertrinkt.
Schon wollen Hügel vor. Schon bricht gesänftigt aus geklärten Strudeln Fels und Land.
Bald wehen Birkenwimpel über windgesträhltem Strand.
O langes Dunkel. Stumme Fahrten zwischen Wolke, Nacht und Meer.
Nun wird die Erde neu. Nun gibt der Himmel aller Formen zarten Umriß her.
Herzlicht von Sonne, das sich noch auf gelben Wellen bäumt —
Bald kommt die Stunde, wo dein Gold in grünen Frühlingsmulden schäumt —
Schon tanzt im Feuerbogen, den der Morgen übern Himmel schlägt,
Die Taube, die im Mund das Ölblatt der Verheißung trägt.

Sommer

Mein Herz steht bis zum Hals in gelbem Erntelicht
   wie unter Sommerhimmeln schnittbereites Land.
Bald läutet durch die Ebenen Sichelsang: mein Blut
   lauscht tief mit Glück gesättigt in den Mittags-
   brand.
Kornkammern meines Lebens, lang verödet, alle
   eure Tore sollen nun wie Schleusenflügel offen
   stehn,
Über euern Grund wird wie Meer die goldne Flut
   der Garben gehn.

Form ist Wollust

Form und Riegel mußten erst zerspringen,
Welt durch aufgeschlossne Röhren dringen:
Form ist Wollust, Friede, himmlisches Genügen,
Doch mich reißt es, Ackerschollen umzupflügen.
Form will mich verschnüren und verengen,
Doch ich will mein Sein in alle Weiten drängen —
Form ist klare Härte ohn' Erbarmen,
Doch mich treibt es zu den Dumpfen, zu den Armen,
Und in grenzenlosem Michverschenken
Will mich Leben mit Erfüllung tränken.

Der Aufbruch

Einmal schon haben Fanfaren mein ungeduldiges Herz blutig gerissen,
Daß es, aufsteigend wie ein Pferd, sich wütend ins Gezäum verbissen.
Damals schlug Tambourmarsch den Sturm auf allen Wegen,
Und herzlichste Musik der Erde hieß uns Kugelregen.
Dann, plötzlich, stand Leben stille. Wege führten zwischen alten Bäumen.
Gemächer lockten. Es war süß, zu weilen und sich versäumen,
Von Wirklichkeit den Leib so wie von staubiger Rüstung zu entketten,
Wollüstig sich in Daunen weicher Traumstunden einzubetten.
Aber eines Morgens rollte durch Nebelluft das Echo von Signalen,
Hart, scharf, wie Schwerthieb pfeifend. Es war wie wenn im Dunkel plötzlich Lichter aufstrahlen.
Es war wie wenn durch Biwakfrühe Trompetenstöße klirren,
Die Schlafenden aufspringen und die Zelte abschlagen und die Pferde schirren.
Ich war in Reihen eingeschient, die in den Morgen stießen, Feuer über Helm und Bügel,
Vorwärts, in Blick und Blut die Schlacht, mit vorgehaltnem Zügel.
Vielleicht würden uns am Abend Siegesmärsche umstreichen,
Vielleicht lägen wir irgendwo ausgestreckt unter Leichen.

Aber vor dem Erraffen und vor dem Versinken
Würden unsre Augen sich an Welt und Sonne satt
 und glühend trinken.

STATIONEN

Lover's Seat

Im Abend sind wir steile grünbebuschte Dünenwege
 hingeschritten.
Du ruhst an mich gedrängt. Die Kreideklippe
 schwingt ihr schimmerndes Gefieder über tiefem
 Meere.
Hier, wo der Fels in jäher Todesgier ins Leere
Hinüberlehnt, sind einst zwei Liebende ins weiche
 blaue Bett geglitten.

Fern tönt die Brandung. Zwischen Küssen lausch
 ich der Legende,
Die lachend mir dein Mund in den erglühten Som-
 merabend spricht.
Doch tief mich beugend seh' ich wie im Glück er-
 starren dein Gesicht
Und dumpfe Schwermut hinter deinen Wimpern
 warten und das nahe Ende.

Fülle des Lebens

Dein Stern erglänzt in Auferstehungsfrühen,
Dein Schicksal treibt, als Opfer sich zu spenden,
Durstige Flamme, kühn, sich zu verschwenden,
Wie Laubgerinnsel, die im Herbstwald sich verglühen.

In Fernen sind die Hölzer schon geschichtet,
Der Leib zu neuer Weihe zu empfangen —
Und schwellend ist, um das die Wimpel deiner Träume bangen,
Das Brautbett deiner letzten Sehnsucht aufgerichtet.

Fernen

In Schmerzen heilig allem Leid Gefeite,
Da immer schwächer dir die hellen Stimmen klangen
Des Tages, stumm dein Schicksal dich und hart den Scharen weihte
Der Hungernden, die über öde Fluren wunde Sehnsuchtsfinger falten —

Ist nun dein Leben Zwiesprach mit verwunschnen Dingen,
Sturm, Geist und Dunkel deiner Seele nahe und geliebt?
Ich fühle deinen Leib den Händen, die ihn klammern, sich entringen
In Länder, deren Erde dürr wie Zunder meinem Tritt entstiebt.

Nun denkt mir's durch die brennenden versehnten
Traumaugen deiner Frohsinnsstunden, die wie kaum erst flügge Vögel nur
Schüchterne Flügel schlagend überm schwanken Bord des Lebens lehnten.
Und mich beströmt wie Herzblut deiner Marter alle Qual der Kreatur.

Entsühnung

Ich stand in Nacht. Ich rang versteinert. Fand in Wüsten irrend deine Seele nicht.
Die Wege lagen endlos mir verschüttet, die zu deiner Schwelle liefen.
Ich war ganz fern. Du sprachst zu mir. Ich stand mit abgewandtem Herzen und Gesicht.
Wie Sterbeglocken rauschten mir die Worte, die mich zu dir riefen.
Ich lauschte dumpf der Stimme. Wie erstarrt. Sie kam
Aus Fernen: still; demütig, aber fest; nachtwandelnd und im Glanze ihres Schicksals, und sie drang in meinen Traum.
Da war's, daß in mein Herz das Wunder brach. Ich wachte auf. In jäher Scham
Sah ich mich selbst. Sah deine Seele, wie sie stumm, mit schweren Lidern, vor mir stand,
Nackend. Sah ihre lange Qual, und wie sie durch die vielen, vielen Nächte
Mich so gesucht, die Augen still in mich gekehrt, und mich doch nimmer fand,
Indes ich blind in wilden Zonen irrte
Und meines Herzens Heimwehruf verbannte,
Sah, wie ihr reiner Spiegel sich mit Dunkel wirrte,
Und jäh gereckt die Gier, wie sich selbst zum Opfer brächte,
Grausam, im eignen Blut die Qualen löschend, und mit Weh ihr Weh ertöte,
Im Opfer ihres Leibes. Und ich sah dich bleich, mit nackten Füßen auf dem Büßerberg und über deiner Brust die Röte
Der Wunden, die ich dir geschlagen. Sah dich matt

und bloß
Und schwach. Doch über Nacht und Leid
Strahlte dein heiliges Herz. Ich sah den Glorienschein, der jählings über deinem Scheitel brannte
Und mich begoß. Oh, immer will ich stehn und schauen, schauen
Und warten, du Geliebte, daß dein Antlitz mir ein Lächeln schenke.
Ich weiß, ich hab an dir gesündigt. Sieh, ich will dein Kleid
Bloß fassen; so wie Mütter tun mit kranken Kindern vor dem Bild der lieben Frauen —
Nur lächle wieder, du, in deren Schoß
Ich wie in klares Wasser meines Lebens dunkles Opfer senke.

In Dir

Du wolltest dir entfliehn, an Fremdes dich fortschenken,
Vergangenheit auslöschen, neue Ströme in dich lenken —
Und fandest tiefer in dich selbst zurück.
Befleckung glitt von dir und ward zu Glück.
Nun fühlst du Schicksal deinem Herzen dienen,
Ganz nah bei dir, leidend von allen treuen Sternen überschienen.

Gang in der Nacht

Die Alleen der Lichter, die der Fluß ins Dunkel schwemmt, sind schon erblindet
In den streifenden Nebeln. Bald sind die Staden eingedeckt. Schon findet
Kein Laut den Weg mehr aus dem trägen Sumpf, der alles Feste in sich schluckt.
Die Stille lastet. Manchmal bläst ein Wind die Gaslaternen auf. Dann zuckt
Über die untern Fensterreihen eine Welle dünnen Lichts und schießt zurück. Im Schreiten
Springen die Häuser aus dem Schatten vor wie Rümpfe wilder Schiffe auf entferntem Meer und gleiten
Wieder in Nacht. O diese Straße, die ich so viel Monde nicht gegangen —
Nun streckt Erinnerung hundert Schmeichlerarme aus, mich einzufangen,
Legt sich zu mir, ganz still, nur schattenhaft, nur wie die letzte Welle Dufts von Schlehdornsträuchern abgewehrt,
Nur wie ein Spalt von Licht, davon doch meine Seele wie ein Frühlingsbeet in Blüten steht —
Ich schreite wie durch Gärten. Bin auf einem großen Platz. Nebel hängt dünn und flimmernd wie durch Silbernetz gesiebt —
Und plötzlich weiß ich: hinter diesen Fenstern dort schläft eine Frau, die mich einmal geliebt,
Und die ich liebte. Hüllen fallen. Eine Spannung bricht. Ich steh' bestrahlt, besternt in einem güldnen Regen,
Alle meine Gedanken laufen wie verklärt durchs Dunkel einer magisch tönenden Musik entgegen.

Winteranfang

Die Platanen sind schon entlaubt. Nebel fließen. Wenn die Sonne einmal durch den Panzer grauer Wolken sticht,
Spiegeln ihr die tausend Pfützen ein gebleichtes runzliges Gesicht.
Alle Geräusche sind schärfer. Den ganzen Tag über hört man in den Fabriken die Maschinen gehn —
So tönt durch die Ebenen der langen Stunden mein Herz und mag nicht stille stehn
Und treibt die Gedanken wie surrende Räder hin und her,
Und ist wie eine Mühle mit windgedrehten Flügeln, aber ihre Kammern sind leer:
Sie redet irre Worte in den Abend und schlägt das Kreuz. Schon schlafen die Winde ein. Bald wird es schnei'n,
Dann fällt wie Sternenregen weißer Friede aus den Wolken und wickelt alles ein.

In der Frühe

Die Silhouette deines Leibs steht in der Frühe dunkel vor dem trüben Licht
Der zugehangnen Jalousien. Ich fühl, im Bette liegend, hostiengleich mir zugewendet dein Gesicht.
Da du aus meinen Armen dich gelöst, hat dein geflüstert »Ich muß fort« nur an die fernsten Tore meines Traums gereicht —
Nun seh ich, wie durch Schleier, deine Hand, wie sie mit leichtem Griff das weiße Hemd die Brüste niederstreicht ...
Die Strümpfe ... nun den Rock ... das Haar gerafft ... schon bist du fremd, für Tag und Welt geschmückt ...
Ich öffne leis die Türe ... küsse dich ... du nickst, schon fern, ein Lebewohl ... und bist entrückt.
Ich höre, schon im Bette wieder, wie dein sachter Schritt im Treppenhaus verklingt,
Bin wieder im Geruche deines Körpers eingesperrt, der aus den Kissen strömend warm in meine Sinne dringt.
Morgen wird heller. Vorhang bläht sich. Junger Wind und erste Sonne will herein.
Lärmen quillt auf ... Musik der Frühe ... sanft in Morgenträume eingesungen schlaf ich ein.

Kleine Schauspielerin

War man glücklich eingestaubten Bänken,
Lehrerquengeln und den Zeichen an der Tafel, die
man nicht verstand, entzogen,
Abends im Theater, auf die Brüstung hingebogen,
Fühlte man sich Himmel köstlich niedersenken.

Nur im Spiele wollte Glück sich geben,
Wo sich Traum ein ungeheures Sein erfand,
Und den Händen, die zum ersten Mal nach Leben
Griffen, rollte Wirklichkeit dahin wie loser Sand.

Aber wenn du vor den Bühnenlichtern schrittest,
Lächeltest und eingelernte Worte sprachst, war
Wunder aufgehellt,
Mit Musik und Beifall und geputzter Menge glittest
Du ins Herz, warst Weib und Ruhm und Welt.

Herzlich lag beisammen, was sich dann zerstückte,
In beseelte Stummheit waren tausend Liebesworte
eingedrängt,
Wenn man abends scheu und heiß an deinen Fenstern sich vorüberdrückte,
War Erfüllung schimmernd wie ein Rosenregen angesprengt.

Glück

Nun sind vor meines Glückes Stimme alle Sehnsuchtsvögel weggeflogen.
Ich schaue still den Wolken zu, die über meinem Fenster in die Bläue jagen —
Sie locken nicht mehr, mich zu fernen Küsten fortzutragen,
Wie einst, da Sterne, Wind und Sonne wehrlos mich ins Weite zogen.
In deine Liebe bin ich wie in einen Mantel eingeschlagen.
Ich fühle deines Herzens Schlag, der über meinem Herzen zuckt.
Ich steige selig in die Kammer meines Glückes nieder,
Ganz tief in mir, so wie ein Vogel, der ins flaumige Gefieder
Zu sommerdunklem Traum das Köpfchen niederduckt.

In diesen Nächten

In diesen Nächten friert mein Blut nach deinem
 Leib, Geliebte.
O, meine Sehnsucht ist wie dunkles Wasser aufge-
 staut vor Schleusentoren,
In Mittagsstille hingelagert, reglos lauernd,
Begier, auszubrechen. Sommersturm,
Der schwer im Hinterhalt geladner Wolken hält.
 Wann kommst du, Blitz,
Der ihn entfacht, mit Lust befrachtet, Fähre,
Die weit der Wehre starre Schenkel von sich sperrt?
 Ich will
Dich zu mir in die Kissen tragen so wie Garben
 jungen Klees
In aufgelockert Land. Ich bin der Gärtner,
Der weich dich niederbettet. Wolke, die
Dich übersprengt, und Luft, die dich umschließt.
In deine Erde will ich meine irre Glut vergraben und
Sehnsüchtig blühend über deinem Leib auferstehn.

DIE SPIEGEL

Der Flüchtling

Da sich mein Leib in jener Gärten Zaubergrund verirrte,
Wo blauer Schierling zwischen Stauden dunkler Tollkirschblüten stand,
Was hilft es, daß ein später Tagesschein den Knäuel bunter Fieberträume mir entwirrte
Und durch das Frösteln grauer Morgendämmerungen sich mein Fuß den Ausweg fand?

Von jener Nächte frevelvollen Seligkeiten
Gärt noch mein Blut so wie mit fremdem Fiebersaft beschwert,
Und aus dem Schwall der Stunden, die wie hingejagte Wolken mir entgleiten,
Bleibt tief mein Traum wie über blaue Heimatseen in sich selbst gekehrt.

Um meines Lebens ungewisse Schalen neigen
Und drängen sich die Bilder, die aus Urwaldskelchen aufgeflogen sind,
Und meine Wünsche wollen, wilde Vogelschwärme, in die Tannenwipfel steigen,
Und meine Seele schreit, wehrlose Wetterharfe unterm Wind.

Segnung

Die Hütte lehnt am braunen Rebenhügel,
Von der die Stunden oft ins weite Land geschaut,
Daraus sie eines Tags, auf farbiger Dämmerung Flügel,
Hintrat ins Volk, mit Grün geschmückt wie eine Braut.

Durch ihre Augen irrten blanke Sterne,
Um ihre Kinderwangen Feuer sprang,
Die Stimme bebte, da ihr Wort zum Volke drang:
»Mich ruft ein hoher Wille in die große Ferne.

Fragt nicht noch sorgt euch, was mir Schicksal werde,
Der hält mein Leben, der mir diese Sehnsucht schuf —
Aus stiller Hut reißt mich ein ungeheurer Ruf
In allen Sturm und Seligkeit der Erde.«

Sie hörte kaum, wie Greise schwach sich mühten.
Sie gieng. Im Abend leuchtete wie Weizen gelb ihr Haar.
Vor ihrem Fenster die Hollunderblüten
Erglommen und verwehten einsam Jahr um Jahr.

Doch eines Morgens, da die späten Sterne blichen
Und banges Zwielicht eisig in den Zweigen hieng,
Da sah ein Weib, das Wasser schöpfen gieng,
Wie sie sich fremd und fröstelnd in die Tür geschlichen.

Und seit dem Tage schwebt auf ihren Wegen
Ein Glorienschein, der Gau und Volk erhellt,
Und ihre Stimme hat den großen Segen
Der Liebenden, die Gott zu Mittlern hat bestellt.

Parzival vor der Gralsburg

Da ihm die erznen Flügel dröhnend vor die Füße klirrten,
Fernhin der Gral entwich und Brodem feuchter Herbstnachtwälder aus dem Dunkel sprang,
Sein Mund in Scham und Schmerz verirrt, indessen die Septemberwinde ihn umschwirrten,
Mit Kindesstammeln jenes Traums entrückte Gegenwart umrang,

Da sprach zu ihm die Stimme: Törichter, schweige!
Was sucht dein Hadern Gott? Noch bist du unversühnt und fern vom Ziele deiner Fahrt —
Wirf deine Sehnsucht in die Welt! Dein warten Städte, Menschen, Meere: Geh und neige
Dich deinem Gotte, der dich gütig neuen Nöten aufbewahrt.

Auf! Fort! Hinaus! Ins Weite! Lebe, diene, dulde!
Noch ist dein Tiefstes stumm — brich Furchen in den Fels mit härtrer Schmerzen Stahl!
Dem Ungeprüften schweigt der Gott! Wie Blut und Schicksal dunkel dich verschulde,
Dich glüht dein Irrtum rein, und erst den Schmerzgekrönten grüßt der heilige Gral.

Die Befreiung

Da seine Gnade mir die Binde von den Augen schloß,
Troff Licht wie Regen brennend. Land lag da und blühte.
Ich schritt so wie im Tanz. Und was davor mich wie mit Knebeln mühte,
Fiel ab und war von mir getan. Mich überfloß
Das Gnadenwunder, unaufhörlich quellend — so wie junger Wein
Im Herbst, wenn sie auf allen goldnen Hügeln keltern,
Und rings die Hänge nieder Saft aufspritzt und flammt in den Behältern,
Flammte vor mir die Welt und ward nun ganz erst mein
Und meines Odems Odem. Jedes Ding war neu und gieng
In tiefer Herzenswallung mir entgegen, sich zu schenken, so wie am Altar,
Des Opfers freudig, ganz in Glück gekleidet. Und in jedem war
Der Gott. Und keines war, darauf nicht seine Güte so wie Hauch um reife Früchte hieng.
Mir aber brach die Liebe alle Türen auf, die Hochmut mir gesperrt:
In Not Gescharte, Bettler, Säufer, Dirnen und Verbannte
Wurden mein lieb Geschwister. Meine Demut kniete vor dem Licht, das fern in ihren Augen brannte,
Und ihre rauhen Stimmen schlossen sich zum himmlischen Konzert.

Ich selbst war dunkel ihrem Leid und ihrer Lust vermengt — Welle im Chor
Auffahrender Choräle. Meine Seele war die kleine Glocke, die im Dorfkirchhimmel der Gebete hieng
Und selig läutend in dem Überschwang der Stimmen sich verlor
Und ausgeschüttet in dem Tausendfachen untergieng.

Bahnhöfe

Wenn in den Gewölben abendlich die blauen Kugelschalen
Aufdämmern, glänzt ihr Licht in die Nacht hinüber gleich dem Feuer von Signalen.
Wie Lichtoasen ruhen in der stählernen Hut die geschwungenen Hallen
Und warten. Und dann sind sie mit einem Mal von Abenteuer überfallen,
Und alle erzne Kraft ist in ihren riesigen Leib verstaut,
Und der wilde Atem der Maschine, die wie ein Tier auf der Flucht stille steht und um sich schaut,
Und es ist, als ob sich das Schicksal vieler hundert Menschen in ihr erzitterndes Bett ergossen hätte,
Und die Luft ist kriegerisch erfüllt von den Balladen südlicher Meere und grüner Küsten und der großen Städte.
Und dann zieht das Wunder weiter. Und schon ist wieder Stille und Licht wie ein Sternhimmel aufgegangen,
Aber noch lange halten die aufgeschreckten Wände, wie Muscheln Meergetön, die verklingende Musik eines wilden Abenteuers gefangen.

Die Jünglinge und das Mädchen

Was unsern Träumen Schönheit hieß, ward Leib in dir
Und holde Schwingung sanft gezogner Glieder
Im Schreiten, anders nicht als wie in einem Tier.
Doch unsre Sehnsucht sinkt zu deinen Füßen nieder,

Erhöhung stammelnd wie vor dem Altar,
Und daß dein Blick Erfüllung ihr befehle,
Was blind in deinem Körper Trieb und Odem war,
Das wurde staunend unserm Suchen Sinn und Seele.

Du ahnst nicht dieser Stunden Glück und Qual,
Da wir dein Bild in unsern Traum versenken —
Doch du bist Leben. Wir sind Schatten. Deiner Schönheit Strahl
Muß, daß wir atmen, funkelnd erst uns tränken.

Heimkehr

(Brüssel, Gare du Nord)

Die Letzten, die am Weg die Lust verschmäht; entleert aus allen
Gassen der Stadt. In Not und Frost gepaart. Da die Laternen schon in schmutzigem Licht verdämmern,
Geht stumm ihr Zug zum Norden, wo aus lichtdurchsungnen Hallen
Die Schienenstränge Welt und Schicksal über Winkelqueren hämmern.
Tag läßt die scharfen Morgenwinde los. Auffröstelnd raffen
Sie ihre Röcke enger. Regen fällt in Fäden. Kaltes graues Licht
Entblößt den Trug der Nacht. Geschminkte Wangen klaffen
Wie giftige Wunden über eingesunknem Gesicht.
Kein Wort. Die Masken brechen. Lust und Gier sind tot. Nun schleppen
Sie ihren Leib wie eine ekle Last in arme Schenken
Und kauern regungslos im Kaffeedunst, der über Kellertreppen
Aufsteigt — wie Geister, die das Taglicht angefallen — auf den Bänken.

Der junge Mönch

Vermaßt ihr euch zu lieben, die ihr sündhaft nur begehrt,
Mit Tat und Willen trüb die Reine eurer Träume schändet?
O lernet tiefre Wollust: wartend stehn und unbewehrt,
Bis heilige Fracht die Welle euern Ufern ländet.

Ihr glüht und ringt. Ich fühle euer Herz von Sturm und Gier bewegt.
Euch girren tausend Stimmen hell ins Ohr, die euer Blut verführen —
Ich bin ein Halm, den meines Gottes Odem regt,
Ich bin ein Saitenspiel, das meines Gottes Finger rühren.

Ich bin ein durstig aufgerissen Ackerland.
In meiner nackten Scholle kreist die Frucht. Der Regen
Geht drüber hin, Schauer des Frühlings, Sturm und Sonnenbrand,
Und unaufhaltsam reift ihr Schoß dem Licht entgegen.

Die Schwangern

Wir sind aus uns verjagt. Wir hocken verängstet vor dem gierigen Leben,
Das sich in unserem Leibe räkelt, an uns klopft und zerrt.
Schreie lösen sich aus uns, die wir nicht kennen. Wir sind vor uns selbst versperrt.
Wir sind umhergetrieben. Wer wird uns unserm Ursprung wiedergeben?
Alles hat anderen Sinn. Wir nähren fremdes, wenn wir Speise schlucken,
Wir schwanken vor fremder Müdigkeit und spüren fremde Lust in uns singen.
Sind wir nur noch Land, Erdkrume und Gehäus? Wird dieser Leib zerspringen?
Wir fühlen Scham und möchten uns wie Tiere ins Gestrüpp niederducken.

Simplicius wird Einsiedler im Schwarzwald und schreibt seine Lebensgeschichte

Das Wetter mancher Schlacht hat um unsre Nasen gepfiffen,
Wir haben die Säbel zum Stoß für manchen Feindesnacken geschliffen
Und unser Blut aufkochen hören, wenn Hieb und Kugelmusik uns umsausten.
Dann waren Nächte, die wir friedsamer durchbrausten,
Im Feldlager, wenn die Becher überliefen, Kessel schmorten und die Würfel rollten —
Das waren Stunden, die wir für alle Seligkeit Mariae nicht tauschen wollten.
Der Rauch von Höfen und Dörfern hat in unsern Augen gehangen,
Um manchen Galgen sind wir behutsam herumgegangen.
Oft hat uns der Tod schon an der Gurgel gesessen,
Dann haben wir uns geschüttelt, unsern Schimmel vorgezogen und sind aufgesessen.
Wir sind in allen Ländern herumgefahren, blutige Kesseltreiber,
Frankreich lehrte uns die Wollust feiner Betten und das weiße Fleisch der Weiber —
Aber immer mußte Leben überschäumen, um sich zu fühlen,
Und keine Schlacht und keine Umarmung wollte den Brand in unserm Leibe kühlen.
Nun rinnt das Blut gemacher in den Adern innen,
Mein Herz läuft durch die alten Bilder nur, um sich zur Einkehr zu besinnen.

Vor meinem Fenster die grünen Schwarzwaldtannen rauschen, als wollten sie von neuen Fahrten sprechen.

Die Holzplanken meiner Hütte krachen in den Novemberstürmen und drohen in Stücke zu brechen —

Aber ich sitze in Frieden, unbewegt, so wie in Engelsrüstung eingeschlossen.

Nicht Reue und nicht Sehnsucht sollen mir schmälern, was einst war und nun vorbei ist und verflossen.

Um mich her, auf dem Tisch, sind meine lieben Bücher aufgebaut,

Und mein Herz voll ruhiger Freude in den klaren Himmel hinüberschaut.

Früher hab ich meinem Gott gedient mit Hieb und Narben so wie heute mit Gebeten,

Ich brauche nicht zu zittern, wenn er einst mich ruft, vor seinen Stuhl zu treten.

Der Morgen

Dein morgentiefes Auge ist in mir, Marie.
Ich fühle, wie es durch die Dämmerung mich umfängt
Der weiten Kirche. Stille will ich knien und warten, wie
Dein Tag aus den erblühten Heiligenfenstern zu mir drängt.

Wie kommt er sanft und gut und wie mit väterlicher Hand
Umschwichtigend. Wann war's, daß er mit grellen Fratzen mich genarrt,
Auf Vorstadtgassen, wenn mein Hunger nirgends sich ein Obdach fand —
Oder in grauen Stuben mich aus fremden Blicken angestarrt?

Nun strömt er warm wie Sommerregen über mein Gesicht
Und wie dein Atem voller Rosenduft, Marie,
Und meiner Seele dumpf verwirrt Getön hebt sanft sein Licht
In deines Lebens morgenreine Melodie.

Irrenhaus

(Le Fort Jaco, Uccle)

Hier ist Leben, das nichts mehr von sich weiß —
Bewußtsein tausend Klafter tief ins All gesunken.
Hier tönt durch kahle Säle der Choral des Nichts.
Hier ist Beschwichtigung, Zuflucht, Heimkehr, Kinderstube.
Hier droht nichts Menschliches. Die stieren Augen,
Die verstört und aufgeschreckt im Leeren hangen,
Zittern nur vor Schrecken, denen sie entronnen.
Doch manchen klebt noch Irdisches an unvollkomm'nen Leibern.
Sie wollen Tag nicht lassen, der entschwindet.
Sie werfen sich in Krämpfen, schreien gellend in den Bädern
Und hocken wimmernd und geschlagen in den Ekken.
Vielen aber ist Himmel aufgetan.
Sie hören die toten Stimmen aller Dinge sie umkreisen
Und die schwebende Musik des Alls.
Sie reden manchmal fremde Worte, die man nicht versteht.
Sie lächeln still und freundlich so wie Kinder tun.
In den entrückten Augen, die nichts Körperliches halten, weilt das Glück.

Puppen

Sie stehn im Schein der Kerzen geisterhafte Paare,
spöttisch und kokett in den Vitrinen
Wie einst beim Menuett. Der Schönen Hände schürzen wie zum Spiel die Krinolinen
Und lassen weich gewölbte Knöchel über Seidenschuhe blühn. Die Kavaliere reichen
Galant den degenfreien Arm zum Schritt, und ihre feinen frechen Worte, scheint es, streichen
Wie hell gekreuzte Klingen durch die Luft, bis sie in kühlem Lächeln über ihrem Mund erstarren,
Indes die Schönen in den wohlerwognen Attitüden sanft und träumerisch verharren.
So stehn sie, abgesperrt von greller Luft, in den verschwiegnen Schränken,
Hochmütig, kühl und fern und scheinen Langvergeßnen Abenteuern nachzudenken.
Nur wenn die Kerzen trüber flackern, hebt ihr dünnes Blut sich seltsam an zu wirren:
Dann fallen Funken in ihr Auge. Heiße Worte scheinen in der Luft zu schwirren.
Der Schönen Leib erbebt. Im zarten Puder der geschminkten Wangen gleißt
Ihr Mund wie eine tolle Frucht, die Lust und Untergang verheißt.

Anrede

Ich bin nur Flamme, Durst und Schrei und Brand.
Durch meiner Seele enge Mulden schießt die Zeit
Wie dunkles Wasser, heftig, rasch und unerkannt.
Auf meinem Leibe brennt das Mal: Vergänglichkeit.

Du aber bist der Spiegel, über dessen Rund
Die großen Bäche alles Lebens geh'n,
Und hinter dessen quellend gold'nem Grund
Die toten Dinge schimmernd aufersteh'n.

Mein Bestes glüht und lischt — ein irrer Stern,
Der in den Abgrund blauer Sommernächte fällt —
Doch deiner Tage Bild ist hoch und fern,
Ewiges Zeichen, schützend um dein Schicksal her-
    gestellt.

Fahrt über die Kölner Rheinbrücke bei Nacht

Der Schnellzug tastet sich und stößt die Dunkelheit entlang.
Kein Stern will vor. Die ganze Welt ist nur ein enger, nachtumschienter Minengang,
Darein zuweilen Förderstellen blauen Lichtes jähe Horizonte reißen: Feuerkreis
Von Kugellampen, Dächern, Schloten, dampfend, strömend ... nur sekundenweis ...
Und wieder alles schwarz. Als führen wir ins Eingeweid der Nacht zur Schicht.
Nun taumeln Lichter her ... verirrt, trostlos vereinsamt ... mehr ... und sammeln sich ... und werden dicht.
Gerippe grauer Häuserfronten liegen bloß, im Zwielicht bleichend, tot — etwas muß kommen ... o, ich fühl es schwer
Im Hirn. Eine Beklemmung singt im Blut. Dann dröhnt der Boden plötzlich wie ein Meer:
Wir fliegen, aufgehoben, königlich durch nachtentrissene Luft, hoch übern Strom. O Biegung der Millionen Lichter, stumme Wacht,
Vor deren blitzender Parade schwer die Wasser abwärts rollen. Endloses Spalier, zum Gruß gestellt bei Nacht!
Wie Fackeln stöhnend! Freudiges! Salut von Schiffen über blauer See! Bestirntes Fest!
Wimmelnd, mit hellen Augen hingedrängt! Bis wo die Stadt mit letzten Häusern ihren Gast entläßt.
Und dann die langen Einsamkeiten. Nackte Ufer. Stille. Nacht. Besinnung. Einkehr. Kommunion. Und Glut und Drang

Zum Letzten, Segnenden. Zum Zeugungsfest. Zur Wollust. Zum Gebet. Zum Meer. Zum Untergang.

Abendschluß

Die Uhren schlagen sieben. Nun gehen überall in der Stadt die Geschäfte aus.
Aus schon umdunkelten Hausfluren, durch enge Winkelhöfe aus protzigen Hallen drängen sich die Verkäuferinnen heraus.
Noch ein wenig blind und wie betäubt vom langen Eingeschlossensein
Treten sie, leise erregt, in die wollüstige Helle und die sanfte Offenheit des Sommerabends ein.
Griesgrämige Straßenzüge leuchten auf und schlagen mit einem Male helleren Takt,
Alle Trottoirs sind eng mit bunten Blusen und Mädchengelächter vollgepackt.
Wie ein See, durch den das starke Treiben eines jungen Flusses wühlt,
Ist die ganze Stadt von Jugend und Heimkehr überspült.
Zwischen die gleichgültigen Gesichter der Vorübergehenden ist ein vielfältiges Schicksal gestellt —
Die Erregung jungen Lebens, vom Feuer dieser Abendstunde überhellt,
In deren Süße alles Dunkle sich verklärt und alles Schwere schmilzt, als wär es leicht und frei,
Und als warte nicht schon, durch wenig Stunden getrennt, das triste Einerlei
Der täglichen Frohn — als warte nicht Heimkehr, Gewinkel schmutziger Vorstadthäuser, zwischen nackte Mietskasernen gekeilt,
Karges Mahl, Beklommenheit der Familienstube und die enge Nachtkammer, mit den kleinen Geschwistern geteilt,
Und kurzer Schlaf, den schon die erste Frühe aus

dem Goldland der Träume hetzt —
All das ist jetzt ganz weit — von Abend zugedeckt
— und doch schon da, und wartend wie ein böses Tier, das sich zur Beute niedersetzt,
Und selbst die Glücklichsten, die leicht mit schlankem Schritt
Am Arm des Liebsten tänzeln, tragen in der Einsamkeit der Augen einen fernen Schatten mit.
Und manchmal, wenn von ungefähr der Blick der Mädchen im Gespräch zu Boden fällt,
Geschieht es, daß ein Schreckgesicht mit höhnischer Grimasse ihrer Fröhlichkeit den Weg verstellt.
Dann schmiegen sie sich enger, und die Hand erzittert, die den Arm des Freundes greift,
Als stände schon das Alter hinter Ihnen, das ihr Leben dem Verlöschen in der Dunkelheit entgegenschleift.

Judenviertel in London

Dicht an den Glanz der Plätze fressen sich und wühlen
Die Winkelgassen, wüst in sich verbissen,
Wie Narben klaffend in das nackte Fleisch der Häuser eingerissen
Und angefüllt mit Kehricht, den die schmutzigen Gossen überspülen.

Die vollgestopften Läden drängen sich ins Freie.
Auf langen Tischen staut sich Plunder wirr zusammen:
Kattun und Kleider, Fische, Früchte, Fleisch, in ekler Reihe
Verstapelt und bespritzt mit gelben Naphtaflammen.

Gestank von faulem Fleisch und Fischen klebt an Wänden.
Süßlicher Brodem tränkt die Luft, die leise nachtet.
Ein altes Weib scharrt Abfall ein mit gierigen Händen,
Ein blinder Bettler plärrt ein Lied, das keiner achtet.

Man sitzt vor Türen, drückt sich um die Karren.
Zerlumpte Kinder kreischen über dürftigem Spiele.
Ein Grammophon quäkt auf, zerbrochne Weiberstimmen knarren,
Und fern erdröhnt die Stadt im Donner der Automobile.

Kinder vor einem Londoner Armenspeisehaus

Ich sah Kinder in langem Zug, paarweis geordnet, vor einem Armenspeisehaus stehen.
Sie warteten, wortkarg und müde, bis die Reihe an sie käme, zur Abendmahlzeit zu gehen.
Sie waren verdreckt und zerlumpt und drückten sich an die Häuserwände.
Kleine Mädchen preßten um blasse Säuglinge die versagenden Hände.
Sie standen hungrig und verschüchtert zwischen den aufgehenden Lichtern,
Manche trugen dunkle Mäler auf den schmächtigen Gesichtern.
Ihr Anzug roch nach Keller, lichtscheuen Stuben, Schelten und Darben,
Ihre Körper trugen von Entbehrung und früher Arbeitsfrohn die Narben.
Sie warteten: gleich wären die andern fertig, dann würde man sie in den großen Saal treten lassen,
Ihnen Brot und Gemüse vorsetzen und die Abendsuppe in den blechernen Tassen.
Oh, und dann würde Müdigkeit kommen und ihre verkrümmten Glieder aufschnüren
Und Nacht und guter Schlaf sie zu Schaukelpferden und Zinnsoldaten und in wundersame Puppenstuben führen.

Meer

Ich mußte gleich zum Strand. In meinem Blute scholl
Schon Meer. O schon den ganzen Tag. Und jetzt die Fahrt im gelbumwitterten Vorfrühlingsabend. Rastlos schwoll
Es auf und reckte sich in einer jähen frevelhaften Süße, wie im Spiel
Sich Geigen nach den süßen Himmelswiesen rekken. Dunkel lag der Kai. Nachtwinde wehten. Regen fiel ...
Die Böschung abwärts ... durch den Sand ... zu dir, du Flut und Wollust schwemmende Musik,
Du treibend Glück, du Orgellied, bräutlicher Chor! Zu meinen Füßen
Knirschen die Muscheln ... weicher Sand ... wie Seidenmatten weich ... ich will dich grüßen,
Du lang Entbehrtes! O der Salzgeschmack, wenn ich die Hände, die der Schaum besprietze, an die Lippen hebe ...
Viel Dunkles fällt. Es springen Riegel. Bilder steigen. Um mich wird es rein. Ich schwebe
Durch Felder tiefer Bläue. Viele Tag' und Nächte bauen
Sich vor mich hin wie Träume. Fern Verschollenes. Fahrten übers Meer, durch Sternennächte. Durch die Nebel. Morgengrauen
Bei Dover ... blaues Geisterlicht um Burg und Shakespeare's-Cliff, die sich der Nacht entraffen,
Und blaß gekerbte Kreidefelsen, die wie Kiefern eines toten Ungeheuers klaffen.

Sternhelle Nacht weit draußen auf der Landungsbrücke, wo die Wellen
Wie vom Herzfeuer ihrer Sehnsucht angezündet, Funken schleudernd, an den braunen Bohlen sich zerschellen.
Und blauer Sommer: Sand und Kinder. Bunte Wimpel. Sonne überm Meer, das blüht und grünt wie eine Frühlingsau.
Und Wanderungen, fern an Englands Strand, mit der geliebten Frau.
Und Mitternacht im Hafen von Southampton: schwer verhängte Nacht, darin wie Blut das Feuer der Kamine loht,
Und auf dem Schiff der Vater ... langsam bricht es in das Schwarz, nach Frankreich zu ... und wenig Monde später war er tot ...
Und immer diese endlos hingestreckten Horizonte. Immer dies Getön: frohlockender und kämpfender Choral —
Du jedem Traum verschwistert! Du in jeder Lust und jeder Qual!
Du Tröstendes! Du Sehnsucht Zeugendes! In dir verklärt
Sich jeder Wunsch, der in die Himmel meiner Schicksalsfernen fährt,
Und jedes Herzensheimweh nach der Frau, die jetzt im hingewühlten Bette liegt
Und leidet, und zu der mein Blut wie eine Möwe, heftige Flügel schlagend, fliegt.
Du Hingesenktes, Schlummertiefes! Horch, dein Atem sänftigt meines Herzens Schlag!
Du Sturm, du Schrei, aufreißend Hornsignal zum

Kampf, du trägst auf weißen Rossen mich zu Tat und Tag!
Du Rastendes! Du feierlich Bewegtes, Nacktes, Ewiges! Du hältst die Hut
Über mein Leben, das im Schachte deines Mutterschoßes eingebettet ruht.

DIE RAST

Hier ist Einkehr

Hier ist Einkehr. Hier ist Stille, den Tagen und Nächten zu lauschen, die aufstehen und versinken.

Hier beginnen die Hügel. Hier hebt sich, tiefer landwärts, Gebirge, Kiefernwälder und durchrauschte Täler.

Hier gießt sich Wiesengrund ins Freie. Bäche spiegeln gesänftigt reine Wolken.

Hier ist Ebene, breitschultrig, heftig blühend, Akker, streifenweis geordnet,

Braunschollig, grün, goldgelb von Korn, das in der Julisonne reift.

Tag kommt mit aufgefrischtem Himmel, blitzend in den Halmen; Morgen mit den harten, kühlen Farben,

Die betäubt in einen brennendgelben Mittag sinken — grenzenlose Julisonne über allen Feldern,

In alle Krumen sickernd, schwer ins Mark versenkt, bewegungslos,

In langen Stunden weilend, nur von Schatten überwölbt, die langsam weiter laufen,

Sich strecken und entzündet in das violette Farbenspiel des Abends wachsen,

Das nicht mehr enden will. Schon ist es Nacht, doch trägt die Luft

Mit Dämmerung vollgesogen noch den lichten Schein,

Der tiefer blühend auf der Schwingung der gewellten Hügelränder läuft —

Schon reicht unmerklich Frühe an die Nacht der weißen Sterne.

Bald weht aus Büschen wieder aufgewirbelt junges

Licht.
Und viele Tag und Nächte werden in der Bläue auf- und niedersteigen,
Eintönig, tief gesättigt, wunschlos in der großen Sommerseligkeit —
Sie tragen auf den schweren sonngebräunten Schultern Sänftigung und Glück.

Fluß im Abend

Der Abend läuft den lauen Fluß hinunter,
Gewittersonne übersprengt die Ufersenkung bunter.
Es hat geregnet. Alle Blätter dampfen Feuchte.
Die Weidenwildnis streckt mit hellen Tümpeln sich
  ins witternde Geleuchte.
Weiße Nebel sich ins Abendglänzen schwingen.
Unterm seichten Fließen dumpf und schrill die mit-
  gezognen Kiesel klingen.
Die Pappeln stehn im Licht, traumgroße Kerzen
  dick mit gelbem Honigseim beträuft —
Mir ist, als ob mein tiefstes Glück durch grüne Ufer
  in den brennenden Gewitterabend läuft.

Schwerer Abend

Die Tore aller Himmel stehen hoch dem Dunkel offen,
Das lautlos einströmt, wie in bodenlosen Trichter
Land niederreißend. Schatten treten dichter
Aus lockren Poren nachtgefüllter Schollen.
Die Pappeln, die noch kaum von Sonne troffen,
Sind stumpf wie schwarze Kreuzesstämme übers Land geschlagen.
Die Äcker wachsen grau und drohend — Ebenen trüber Schlacke.
Nacht wirbelt aus den Wolkengruben, über die die Stöße rollen
Schon kühler Winde, und im dämmrigen Gezacke
Hellgrüner Weidenbüschel, drin es rastend sich und röchelnd eingeschlagen,
Verglast das letzte Licht.

Kleine Stadt

Die vielen kleinen Gassen, die die langgestreckte Hauptstraße überqueren,
Laufen alle ins Grüne. Überall fängt Land an.
Überall strömt Himmel ein und Geruch von Bäumen und der starke Duft der Äcker.
Überall erlischt die Stadt in einer feuchten Herzlichkeit von Wiesen,

Und durch den grauen Ausschnitt niedrer Dächer schwankt
Gebirge, über das die Reben klettern, die mit hellen Stützen in die Sonne leuchten.
Darüber aber schließt sich Kiefernwald: der stößt
Wie eine breite dunkle Mauer an die rote Fröhlichkeit der Sandsteinkirche.

Am Abend, wenn die Fabriken schließen, ist die große Straße mit Menschen gefüllt.
Sie gehen langsam oder bleiben mitten auf der Gasse stehn.
Sie sind geschwärzt von Arbeit und Maschinenruß. Aber ihre Augen tragen
Noch Scholle, zähe Kraft des Bodens und das feierliche Licht der Felder.

Die Rosen im Garten

Die Rosen im Garten blühn zum zweiten Mal. Täglich schießen sie in dicken Bündeln
In die Sonne. Aber die schwelgerische Zartheit ist dahin,
Mit der ihr erstes Blühen sich im Hof des weiß und roten Sternenfeuers wiegte.
Sie springen gieriger, wie aus aufgerissenen Adern strömend,
Über das heftig aufgeschwellte Fleisch der Blätter.
Ihr wildes Blühen ist wie Todesröcheln,
Das der vergehende Sommer in das ungewisse Licht des Herbstes trägt.

Weinlese

Die Stöcke hängen vollgepackt mit Frucht. Geruch von Reben
Ist über Hügelwege ausgeschüttet. Bütten stauen sich auf Wagen.
Man sieht die Erntenden, wie sie, die Tücher vor der braunen Spätjahrsonne übern Kopf geschlagen,
Sich niederbücken und die Körbe an die strotzendgolden Euter heben.

Das Städtchen unten ist geschäftig. Scharen reihenweis gestellter,
Beteerter Fässer harren schon, die neue Last zu fassen.
Bald klingt Gestampfe festlich über alle Gassen,
Bald trieft und schwillt von gelbem Safte jede Kelter.

Herrad

Welt reichte nur vom kleinen Garten, drin die Dahlien blühten, bis zur Zelle
Und durch die Gänge nach dem Hof und früh und abends zur Kapelle.
Aber unter mir war Ebene, ins Grün versenkt, mit vielen Kirchen und weiß blühenden Obstbäumen,
Hingedrängten Dörfern, weit ins Land gerückt, bis übern Rhein, wo wieder blaue Berge sie umsäumen.
An ganz stillen Nachmittagen meinte man die Stimmen von den Straßen heraufwehen zu hören, und abends kam Geläute,
Das hoch den blau ziehenden Rauch der Kamine überflog und mich in meinem Nachsinnen erfreute.

Wenn dann die Nacht herabsank und über meinem Fenster die Sterne erglommen,
War eine fremde Welt aus Büchern auf mich hergesenkt und hat mich hingenommen.
Ich las von Torheit dieser Welt, Bedrängnis, Spässen, Trug und Leiden,
Fromme Heiligengeschichten, grausenvoll und lieblich, und die alte Weisheit der Heiden.
Sinnen und Suchen vieler Menschenseelen war vor meine Augen hingestellt,
Und Wunder der Schöpfung und Leben, das ich liebte, und die Herrlichkeit der Welt.

Und ich beschloß, all das Krause, das ich seit so viel Jahren

Aus Büchern und Wald und Menschenherzen und
einsamen Stunden erfahren,
Alles Gute, das ich in diesem Erdenleben empfangen,
Treu und künstlich in Bild und Schrift zu bewahren
und einzufangen.
Später, wenn die Augen schwächer würden, in den
alten Tagen,
Würd ich in meiner Zelle sitzen und übers Elsaß
hinblicken und mein Buch aufschlagen,
Und meiner Seele sprängen wie am Heiligenquell
im Wald den Blinden Wunderbronnen,
Und still ergieng ich mich und lächelnd in dem
Garten meiner Wonnen.

**Gratia divinae pietatis adesto Savinae
De petra dura perquam sum facta figura**

(Alte Inschrift am Straßburger Münster)

Zuletzt, da alles Werk verrichtet, meinen Gott zu loben,
Hat meine Hand die beiden Frauenbilder aus dem Stein gehoben.
Die eine aufgerichtet, frei und unerschrocken —
Ihr Blick ist Sieg, ihr Schreiten glänzt Frohlocken.
Zu zeigen, wie sie freudig über allem Erdenmühsal throne,
Gab ich ihr Kelch und Kreuzesfahne und die Krone.
Aber meine Seele, Schönheit ferner Kindertage und mein tief verstecktes Leben
Hab ich der Besiegten, der Verstoßenen gegeben.
Und was ich in mir trug an Stille, sanfter Trauer und demütigem Verlangen,
Hab ich sehnsüchtig über ihren Kinderleib gehangen:
Die schlanken Hüften ausgebuchtet, die der lockre Gürtel hält,
Die Hügel ihrer Brüste zärtlich aus dem Linnen ausgewellt,
Ließ ihre Haare über Schultern hin wie einen blonden Regen fließen,
Liebkoste ihre Hände, die das alte Buch und den zerknickten Schaft umschließen,
Gab ihren schlaffen Armen die gebeugte Schwermut gelber Weizenfelder, die in Julisonne schwellen,
Dem Wandeln ihrer Füße die Musik von Orgeln, die an Sonntagen aus Kirchentüren quellen.
Die süßen Augen mußten eine Binde tragen,

Daß rührender durch dünne Seide wehe ihrer Wim-
   pern Schlagen.
Und Lieblichkeit der Glieder, die ihr weiches Hemd
   erfüllt,
Hab ich mit Demut ganz und gar umhüllt,
Daß wunderbar in Gottes Brudernähe
Von Niedrigkeit umglänzt ihr reines Bildnis stehe.

ERNST STADLER

»Niemals wird Erfüllung sein«

Im Jahre 1914 erschien im Münchner Verlag der Weißen Bücher eine Publikation von Gedichten, die binnen kurzem größte Beachtung in den an moderner Literatur interessierten Kreisen des deutschen Kulturbetriebes hervorrief. Ihr Autor, ein junger Intellektueller, war bis dahin eher als Geisteswissenschaftler und Übersetzer aus dem Französischen in Erscheinung getreten. Doch nun galt er vielen plötzlich als das womöglich vielversprechendste Talent der später als Expressionismus bezeichneten Kunstepoche, deren Blütezeit etwa zwischen 1910 und 1920 lag.

Der Name des aufsehenerregenden Dichters lautete Ernst Stadler, ein am 11. August 1883 in Colmar geborener Elsässer, der in Straßburg das Gymnasium besucht und danach dort und in München ein Studium der Germanistik, Romanistik und der vergleichenden Sprachwissenschaften absolviert hatte. Nach seiner Promotion über den Parzival-Mythos war er von 1906 bis 1908 Stipendiat an der Universität von Oxford, woran sich in Straßburg seine Habilitation mit einer Abhandlung über die Shakespeare-Übersetzungen des Christoph Martin Wieland (1733-1813) anschloß. 1910 erhielt er eine Professur an der Universität von Brüssel, und im Juli 1914 erfolgte eine Berufung nach Kanada. Der Ausbruch des Ersten Weltkrieges am 28. des gleichen Monats hinderte Stadler jedoch daran, diesen vielversprechenden Lebensweg fortzuführen. Unmittelbar nach Kriegsbeginn als Soldat eingezogen, starb er am 30. Oktober in der Schlacht um Ypern.

Nach ihm sollten noch zahlreiche andere junge Literaten im Heer der millionenfachen Opfer für nationalen Größenwahn und Verblendung zugrunde gehen. So starben im gleichen Jahr den von Bajonetten und Granaten bewirkten ›Heldentod‹ unter anderem die Dichter Alfred

Lichtenstein, August Stramm, Reinhard Johannes Sorge und Georg Trakl, die ebenso wie Stadler gerade erst mit idealistischen Hoffnungen begonnen hatten, Kunst und Gesellschaft Deutschlands mit den ihnen zur Verfügung stehenden Mitteln zu reformieren.

Die herandrängende Dichtergeneration der um 1890 Geborenen, die sich selbst als eine revolutionäre Generation interpretierte, war einer Programmatik gefolgt, die in der Tradition Friedrich Nietzsches nach größten gesellschaftlichen Veränderungen, nach der Überwindung des innerlich verkrusteten wilhelminischen Staatsgefüges verlangte. Verbreitung fanden die künstlerischen Zeugnisse der expressionistischen Bewegung anfangs mittels neugegründeter Zeitschriften. Denn schon Jahre bevor besonders die Verleger Ernst Rowohlt und Kurt Wolff in Leipzig einem großen Teil der literarischen Moderne mit ihrem Verlag eine geistige Heimstatt und die Möglichkeit zur Buch-Publikation boten, entwickelten sich kleine, der Moderne verpflichtete Blätter zur verlegerischen und ideologischen Quelle der Avantgarde. Sie repräsentierten bereits um 1910 ein Bewußtsein, das — vorgetragen in meist revolutionärem Pathos — einer unruhig die neue Zeit erwartenden Jugend das Zeichen zum Aufbruch vorgab.

Wichtige theoretische Impulse erhielt diese ›Dichter-Sezession‹ (Kurt Hiller) 1909 durch Stefan Zweigs Aufsatz *Das neue Pathos* und 1911 durch Heinrich Manns Essay *Geist und Tat*, in dem Mann einen radikalen Funktionswandel der gesellschaftlich angepaßten Literatur forderte. Im gleichen Jahr wurde die deutsche Moderne auch durch eine Ausstellung von Picasso, Braque und einer Gruppe antiimpressionistischer Maler in Berlin inspiriert, die in der Öffentlichkeit überragende Resonanz erfuhr. Vor allem aber war es ein anderer Einfluß, der der Forderung nach sozialer und ästhetischer Erneuerung der deutschen Gesellschaft wesentlichen Nachdruck verlieh und die junge Generation begeisterte: der italienische Futurismus.

In der Nachfolge Nietzsches entsprang dieser einem radikalisierten Lebenskult und hatte nichts Geringeres als die wortwörtlich verstandene Zerstörung der traditionellen Ästhetik zum Ziel. Der radikale Wunsch nach Erneuerung gipfelte in der Forderung, die Bewahrer der tradierten Kunst — Museen und Bibliotheken — physisch zu vernichten. Als geeignete Mittel dieser unwiderruflichen Befreiung vom Bestehenden wurde deshalb der Krieg ebenso verherrlich wie die diesen perfektionierende Technik. Auch die neuartigen Erfindungen Auto, Flugzeug und moderne Eisenbahn gerieten so zu den neuen Sujets der Dichtkunst, die wegen der durch sie erst möglich werdenden, schier schrankenlosen Mobilität und der von ihnen erzeugten Geräusche — als Ausdruck dieser Motorik — gepriesen wurden.

Dieser extremen Lesart der modernen Kunstauffassung vermochte Ernst Stadler jedoch nicht zu folgen. Seine Verse orientieren sich denn auch an eher traditionellen Vorbildern wie George und Rilke und weisen — im Gegensatz etwa zu denen jede konventionelle Form zersprengenden des August Stramm — in eine formsuchende statt formzerstörende Richtung. Damit dokumentiert Stadler den Facettenreichtum seiner Kunstepoche, deren Protagonisten niemals — so hierüber Jahre später Kurt Wolff — in der Überzeugung wirkten, einem ideologisch und ästhetisch einseitig orientierten Kollektiv anzugehören. Wolff betont, daß gerade die starke Verbundenheit mit traditionellen Vorbildern wie Hölderlin und Walt Whitman bei vielen erst den Boden ihres radikalen, antiwilhelminischen Selbstverständisses bereitet habe, während nicht zuletzt Goethe und Baudelaire die künstlerischen Maßstäbe zur Heranbildung der modernen Ästhetik vorgegeben hätten.

Als der *Aufbruch* erschien, wandte sich die Aufmerksamkeit des deutschen Literaturbetriebes schlagartig der Neuentdeckung Ernst Stadler zu. Den höchsten Grad der Ästhetik sah etwa Carl Sternheim in Stadlers Lyrik erreicht, deren überragende Qualität er nicht zuletzt auf die individuellen Wesensmerkmale des Dichters zurückführte.

»Diese Person!« rief Sternheim noch 1916 schwärmerisch aus; »seit Hugo von Tschudis Tod« sei ihm niemand mehr entgegengetreten, dem derart »die Eigenschaften eines erlauchten Mannes in den Augen« geglänzt hätten. Und weiter erinnert er sich an:

»die gleiche unverbrüchliche Treue an das einmal geschaute Ideal, bei steifem Nacken die Unmöglichkeit einer Lüge aus seinem Mund. Er behauptete zuversichtlich, verwarf kurz. Verschleierte sich bei Unlauterem und strahlte bei der Erwähnung dessen, was ihm im Leben das Heiligste war: die Schönheit der Kunst.«

Einen ähnlich tiefen Eindruck hinterließ der Dichter beim als ebenso kritisch wie manchmal unnachsichtig bekannten Publizisten Otto Flake. 1915 gedenkt dieser an seinen ersten Besuch bei Stadler, während dem ihm besonders dessen für einen Literaturwissenschaftler seiner Zeit ungewöhnliche Offenheit für moderne Literatur aufgefallen sei:

»Der dreißigjährige Professor war zu seinem Glück kurzsichtig, so daß er à la Franz Blei eine große Hornbrille trug, die ihm etwas Würde gab. Im Privatkreis setzte er ein Monokel auf, durch das sein bartloses Gesicht eine merkwürdige Ähnlichkeit mit Chamberlain erhielt. Überall lagen Bücher und Zeitschriften wie bei anderen Universitätsleuten, aber ein Blick darauf war lehrreich. Da war die Reihenfolge der Cahiers de la Quinzaine seines Lieblings Péguy, der nun auch, auf der anderen Seite, ein Opfer des Krieges geworden ist; die schöne weiße Novelle Revue française, Werke von Jammes (den er übersetzte), Rolland, Ch. L. Philippe; von deutscher Schickele und Sternheim, für die er sich einsetzte, die Aktion, das Neue Pathos [maßgebliche Zeitschriften des Expressionismus; d.V.] und alles Jüngste, alles was ganz modern und gar nicht akademisch war; lieber literaturhaft als professorenhaft, dachte dieser Professor, und er dachte es ohne Snobismus gewisser Germanisten, die nur darum übermodern sind, weil sie den Kollegen den Wind abfangen wollen. Dann wieder englische Bücher und der Umbruch einer englischen Arbeit, die er für Oxford schreiben mußte, denn er war Cecil-Rhodes-Stipendiat gewesen und hatte das vorgeschriebene Collegeleben junger vornehmer Gentlemen mitgemacht.«

Flakes abschließendes Urteil mag schließlich stellvertretend für das zahlreicher Zeitgenossen stehen, die mit Stadlers frühen Tod nicht nur das Verlöschen eines überragenden, sich in seinen tatsächlichen Ausdrucksmöglichkeiten gerade erst entfaltenden Dichters beklagt haben. Vielmehr drückt sich in ihm auch die ungewollt ahnungsschwere Trauer über das vorzeitige Ende eines hoffnungsvollen Stückes germanistischer Wissenschaftsgeschichte aus, dessen Fortschreibung vielleicht drei Jahrzehnte später auf Hochschulseite manche Entgleisung über die angebliche ›Entartung‹ expressionistischer Kunst bereits im Keime erstickt hätte.

»Wenn man das alles zusammennimmt, was war es? Ein Elsässer, ein wahrer Deutscher, der neben seiner eigenen Kultur noch die des anderen, hier sogar zweier anderen Völker brauchte. Der Ansatz einer großen Universalität, der Beginn eines großen Überblicks und einer fruchtbaren Verschmelzung, die Verheißung einer bewußten Geistigkeit und einer Vermittlung, die nicht da hinten in Kanada versteckt geblieben wäre, sondern ihren Weg nach Berlin gefunden hätte, unter vielen Hindernissen vielleicht, denn trotz der Wertschätzung seines Lehrers Erich Schmidt und gewisser historischer Textrevisionen war es gefährlich, so modern zu sein — aber dieser junge Dozent schrieb einen zu klaren Stil, um nicht durchzudringen.«

Bert Kasties

VERZEICHNIS DER EINZELGEDICHTE

DIE FLUCHT

Worte (11), Der Spruch (12), Tage (13), Gegen Morgen (17), Metamorphosen (18), Betörung (20), Trübe Stunde (21), Was waren Frauen (22), Reinigung (23), Ende (24), Zwiegespräch (25), Vorfrühling (27), Resurrectio (28), Sommer (29), Form ist Wollust (30), Der Aufbruch (31)

STATIONEN

Lover's Seat (37), Fülle des Lebens (38), Fernen (39), Entsühnung (40), In Dir (42), Gang in der Nacht (43), Winteranfang (44), In der Frühe (45), Kleine Schauspielerin (46), Glück (47), In diesen Nächten (48)

DIE SPIEGEL

Der Flüchtling (53), Segnung (54), Parzival vor der Gralsburg (56), Die Befreiung (57), Bahnhöfe (59), Die Jünglinge und das Mädchen (60), Heimkehr (61), Der junge Mönch (62), Die Schwangern (63), Simplicius wird Einsiedler im Schwarzwald (64), Der Morgen (66), Irrenhaus (67), Puppen (68), Anrede (69), Fahrt über die Kölner Rheinbrücke bei Nacht (70), Abendschluß (72), Judenviertel in London (74), Kinder vor einem Londoner Armenspeisehaus (75), Meer (76)

DIE RAST

Hier ist Einkehr (83), Fluß im Abend (85), Schwerer Abend (86), Kleine Stadt (87), Die Rosen im Garten (88), Weinlese (89), Herrad (90), Gratia divinae pietatis adesto Savinae (92)

WEITERHIN SIND ERSCHIENEN:

RAINER MARIA RILKE
Traumgekrönt

Gedichte
Mit Illustrationen von Simcha Nornberg.
112 Seiten

ANATOLE FRANCE
Das Zungenragout

Erzählungen
Aus dem Französischen von G. van Grootheest und
F. von Oppeln-Bronikowski
Mit Illustrationen von Simcha Nornberg
138 Seiten

PAUL SCHEERBART
Gerettet

Nilpferdgeschichten und ähnliche
Merkwürdigkeiten
Mit Illustrationen von Simcha Nornberg
141 Seiten

FJODOR M. DOSTOJEWSKIJ
Die fremde Frau und der Mann unter dem Bett

Erzählungen
Aus dem Russischen von Gregor Jarcho
Mit Illustrationen von Simcha Nornberg
145 Seiten

PAUL SCHEERBART
Die Welt von Eisen

Besonders nihilistische Geschichten
140 Seiten

MAURICE RENARD
Der Doktor Lerne

Ein Schauerroman
Aus dem Französischen von Heinrich Lautensack
230 Seiten

Shaker Verlag, Kaiserstraße 100
52134 Herzogenrath